आरुष

प्रतीक सुराणा

BookLeaf Publishing

India | USA | UK

Presentation by *BookLeaf Publishing*

Web: www.bookleafpub.com

E-mail: info@bookleafpub.com

ISBN:9789363314078

First edition 2024

Dedicated to my parents, my wife Isha, and my son Aarush.

आरुष

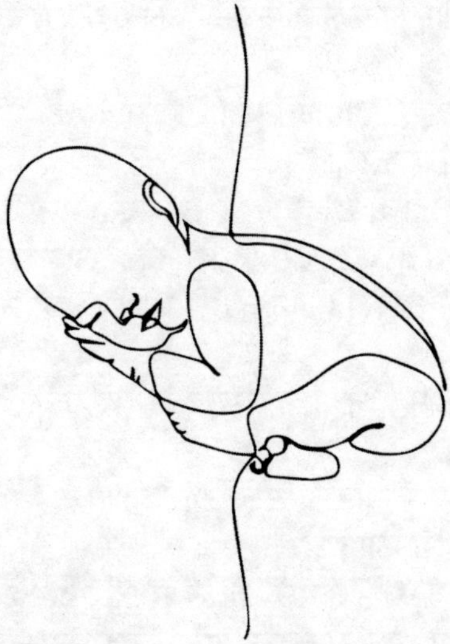

मेरे बेटे आरुष, तुम्हारा इस दुनिया में स्वागत है।
एक बात है जो तुमसे कहना चाहता हूँ और शायद
इसीलिए अपने मन की भावनाओं को इस कागज़ पर
लिख रहा हूँ!
मेरे जीवन में कई ऐसे अवसर थे जब मैं तुम्हारे
दादाजी को समझ नहीं पाता था।
कई बार मेरी उनसे तकरार होती रही है।
कभी उनके कुछ कहने या न कहने पर और कभी
उनके कुछ करने या न करने पर।
और अक्सर मुझे यही सुनने को मिलता था कि जिस
दिन मैं बाप बनूंगा उस दिन मैं समझ पाऊंगा की एक
बाप के दिल पर से क्या गुज़रती है।

कभी भी उनकी बातों को समझ नहीं पाया, लेकिन जिस दिन तुम्हे पहली बार अपने हाथों में लिया तो समझ गया की एक बाप बनने का एहसास क्या होता है।
कि अपनी हर दुआ को तुम्हारे नाम कर दूँ, ऐसा करने का दिल मेरा करता है।
तुम्हारी छोटी से छोटी खुशी के लिए अपना जीवन दाव पे लगा दूँ, कुछ ऐसा करने को दिल मेरा करता है।
पर हर बार तुम्हे हिफाज़त देने में मैं सक्षम ना रह पाऊं,
इसीलिए इस दुनिया के दस्तूर के बारे में कुछ बताना चाहता हूँ।
इस दुनिया में भीड़ बहुत है, और लोगों के इसी भीड़ में भाग-दौड़ भी काफी है।
हर कोई व्यस्थ है अपने जीवन में और इस भाग-दौड़ में दिन कब साल में बदल जाते है यह पता नहीं चलता।
हर कोई आसमान की ऊंचाईयों को छूना चाहता है!
... तुम भी चाहोगे!
और ऐसी चाहत रखना गलत बात भी नहीं।
पर इस आकाश के तलब में कभी इतना ऊंचा मत हो जाना कि अगर तुम्हारे कंधों पर कोई सिर रख कर रोना चाहे तो उसे सीढ़ियों की ज़रूरत पड़े।
अपने रिश्तों में अपने अपनों को ढूंढ़ना और उनका साथ कभी मत छोड़ना।

मेरे बेटे आरुष तुम खूब तरक्की करना पर साथ ही साथ सबकी बहुत इज़्ज़त भी करना।
हर कोई अपने परिस्थितियों का गुलाम है!

उनकी परिस्थितियों को समझना और फिर ही लोगों को परखना।
सब में स्नेह बांटना और सबकी खुशी का कारण बनना,
पर इस तरक्की की खोज में कभी इतने बुद्धिजीवी भी मत बन जाना की मेहनतकशों के रंग से अलग तुम्हारा रंग बन जाए।
खूब मेहनत करना और ईमानदारी से सबकी नज़रों में अपनी इज़्ज़त बनाना।
पर इतने इज़्ज़तदार भी मत होना की अगर कभी मुँह के बल गिरो तो तुम्हे आँखें चुराकर उठना पड़े।

मेरे बेटे आरुष तुम्हारा इस दुनिया में स्वागत है।
हो सकता है की इस भीड़ भरी दुनिया में तुम कभी अकेला महसूस करो।
पर इस बात को हमेशा याद रखना की खुद चिराग को हर तरफ अंधेरा ही दिखता है।
अपने आप पर भरोसा रखना और गलत रास्तों पर कभी मत चलना।
तुम खुश रहो और हर पल मुस्कुराते रहो!
मैं शायद आजीवन हाथ पकड़कर नहीं चल सकूँ,
पर कभी ऐसा मत समझना कि मैं तुमसे अलग हूँ!
अपने दिल में झाँकना, मैं हमेशा वहीं रहूंगा तुम्हारे साथ।
ये दुनिया इतनी सरल भी नहीं है पर इसको जीने का एक अलग ही स्वाद है।
कभी खट्टी, कभी मीठी,
कभी तीखी, कभी फीकी,

जैसी भी क्यों ना हो, तुम जब तक मस्त हो तब तक ये ज़िंदगी भी मस्त है।

मेरे बेटे आरुष तुम्हारा इस दुनिया में स्वागत है।

मैं

राम भी मैं हूँ, रावण भी मैं
श्याम भी मैं हूँ, अर्जुन भी मैं

मंदिर का प्राचीर हूँ मैं,
मस्जिद का फ़कीर हूँ मैं,
निकला धनुष का तीर हूँ मैं
गंगा का बहता नीर हूँ मैं
हिमालय का हिम हूँ मैं
नकुल भी, युधिष्ठिर भी और भीम भी हूँ मैं

सृजन हूँ मैं एक रचनाकार का
रचने आया एक दुनिया नई
स्तम्भ नींव निर्माण हूँ मैं
हृदय प्रस्तुति ब्रम्हांड हूँ मैं
सागर का गहरापन भी मेरे समीप है
आतंरिक्ष के हर अभियान का मुझमे प्रतीत है

विष्णु पुराण वेदो का ज्ञान
शिव तांडव स्त्रोतम गान
मूरत कभी शांत और स्थिर
कड़कती बिजली का तूफ़ान कभी

विक्राल भी मैं, भौकाल भी मैं
पनपते अंगारों का उछाल भी मैं
समुद्र में उठ रही लहरों का ज़लज़ला
धरती पर आता भूचाल कभी
संभव असंभव श्रुतियां और त्रुटियां मुझमें
मेरे मन का हर विकल्प भी मुझमें
मैं मात्र एक पुरुष नहीं
अपने स्वयं का प्रतीक हूँ मैं।

अनजान

मेरे घर के पीछे दो ऊंची इमरातें हैं।
एक दूसरे से बहुत दूर, एक दूसरे से बहुत अलग
नाम भी अलग है दोनों का और शक्ल सूरत भी अलग
है दोनों की।

ना दोनों के बीच सीधा रास्ता है कोई
ना ही कोई इंसानी रिश्ता जो दोनों को जोड़ सके
मगर उन दोनों की छतों पर लगी वो ऊंची लाल
बत्तियाँ एक ही वक़्त पर एक साथ जलती बुझती हैं
जो मुझे ये सोचने पर मजबूर करती हैं

कि मेरे दिल की धड़कनो की रफ़्तार पर
शायद दौड़ता होगा दुनिया में कोई और दिल भी
मुझसे बहुत दूर... मुझसे बहुत अनजान।

कई मर्तबा रात को मैं तारे देखा करता हूँ
और अक्सर ख्यालों के सागर में डूब जाया करता हूँ
कुछ ख्याल होने वाले कल के, कुछ ख्याल बीते पल के
जिनके बीच उलझा हुआ मेरा अब है

कुछ सवाल मेरे कुछ कर गुज़रने पर
कुछ सवाल मेरे कुछ ना कर गुज़रने पर
थोड़ी सी ख़ुशी और कुछ मायूसी लेकर
थोड़े सपने और कुछ ख़ामोशी लेकर
मैं अक्सर इस सोच मैं रहता हूँ

कि मेरी इन्ही इबादतों में पढ़े जाने वाली दुआओं में
किसी और के दिल की जुस्तजू भी शामिल होगी
मुझसे बहुत दूर... मुझसे बहुत अनजान।

मैं खुशनसीब हूँ कि वो मुझसे इतनी मोहब्बत करता है

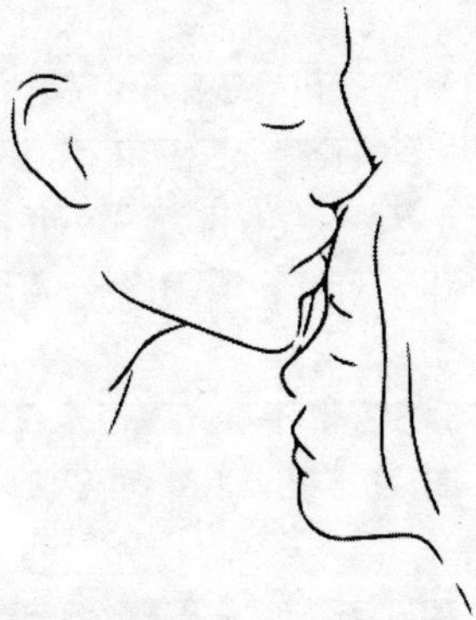

अपने सौ गमों को परे रख,
मेरे बस एक गम के मिट जाने की दुआ वो करता है।
उसकी इसी मोहब्बत से वो मेरी रूह को छुआ करता है।
कभी ख्वाब में भी देखें मुझे दूर जाते खुद से तो मेरे हाथों को आकर चूम लिया करता है।
देखे कोई अगर मुझे बुरी नज़रों से तो उससे क्या उसके खानदान से वो लड़ जाता है।
मैं खुशनसीब हूँ कि वो मुझसे इतनी मोहब्बत करता है।

शिकायतें उसे लाख रहती है मुझसे
मगर करे कोई मेरा ज़िक्र तो तारीफ़ों के पुल बाँध देता है।
गवारा नहीं उसे कि कोई गंदी नज़रों से देखे मुझे।

कमज़ोर मैं ना पड़ जाऊँ इसीलिए वो अकसर मेरे कंधे पर अपना हाथ रख दिया करता है।
मैं खुशनसीब हूँ कि वो मुझसे इतनी मोहब्बत करता है।

मेरी हर गलती की माफ़ी है उसके पास,
लेकिन मुझे कभी गलत करार नहीं वो करता।
बेऐतबारी लफ्ज़ मुझसे कोसो दूर रखता है,
वरना कब का कह देता कि वो मुझसे प्यार नहीं करता।
मेरी हर कमी को अपनाने की हिम्मत रखता है,
और जब बात सबसे श्रेष्ठ की हो तो उसे मेरा चेहरा नज़र आता है।
जब भी मुझसे बात करने की तलब हो तो मुझे आवाज़ वो लगाता है।
मैं खुशनसीब हूँ कि वो मुझसे इतनी मोहब्बत करता है।

हर पल जो मेरा ख्याल रखता है!
मैं हर काम में सफल रहूँ उसका पूरा वो ध्यान रखता है!
मैंने खाया या नहीं!
मुझे कोई तकलीफ तो नहीं!
और ऐसी हर छोटी से छोटी चीज़ की परवाह वो करता है।
इस मोहब्बत की खुशनसीबी मुझे मिली है ये सोच कर मेरा दिल भर आता है।
मैं खुशनसीब हूँ कि वो मुझसे इतनी मोहब्बत करता है।

मुझे महफ़ूज़ रखने के लिए वो हर तरह के सवाल
मुझसे किया करता है।
मेरी हिफाज़त के लिए कोई कसमे वादे तो नहीं किये
हैं उसने,
पर क्यूँ इन वादो को निभाने से वो कभी नहीं
मुकरता?
खुद की हज़ार तकलीफ़ें हैं पर मेरी एक भी तकलीफ़
हो तो उसे दूर करने से वो कभी नहीं डरता है।
मैं खुशनसीब हूँ कि वो मुझसे इतनी मोहब्बत करता
है।

लड़ाई को वो सिर्फ लड़ाई समझकर मामला भुलाकर
मुझे सीने से लगाता है।
बिना किसी वजह के मेरे बालों को सहलाकर मेरे सिर
पर हाथ फेर जाता है।
मैं घर ना पहुँचा तो नींद उसे नहीं आती।
मैं सो जाऊँ तो मुझे चद्दर वो उढ़ाता है।
ऐसी ही छोटी-छोटी बातों में मुझसे इतनी मोहब्बत वो
कर जाता है।
मैं खुशनसीब हूँ कि वो मुझसे इतनी मोहब्बत करता
है।

बस मेरी एक मुस्कराहट के लिए वो पूरी दुनिया से
लड़ जाता है!
इतना एहम हूं मैं उसके लिए, ये उसके शब्द नहीं...
उसके दिल में मेरे लिए इश्क़ कहता है।
बोलकर मोहब्बत करना उसने कभी सीखा नहीं,
पर बिन कहे मोहब्बत करना उसे बहुत आता है।

मैं खुशनसीब हूँ कि वो मुझसे इतनी मोहब्बत करता है।

हर पल मुझे एहसास वो दिलाता है
कि सारे जहाँ की खुशियाँ इकट्ठा करके सौंपने का दिल उसका करता है।
और इस मोहोब्बत का इज़हार मुझे उसे और भी मोहब्बत करके ज़ाहिर करने का दिल करता है।
आज़माइश क्या करें ऐसी मोहब्बत की,
जब मेरा दिल जानता है कि उसका दिल मेरे लिए धड़कता है।
मैं वाकई खुशनसीब हूँ कि वो मुझसे इतनी मोहब्बत करता है।

ऐसी शिद्दत वाली मोहब्बत को ज़माने में किसने मांपा है?
पर ऐसी मोहब्बत जो मुझसे कर जाए,
वो कोई और नहीं ...

वो मेरे पापा हैं।

वो कोई और नहीं...

वो मेरे पापा हैं।

वो कोई और नहीं...

वो मेरे पापा हैं।

वक़्त नहीं

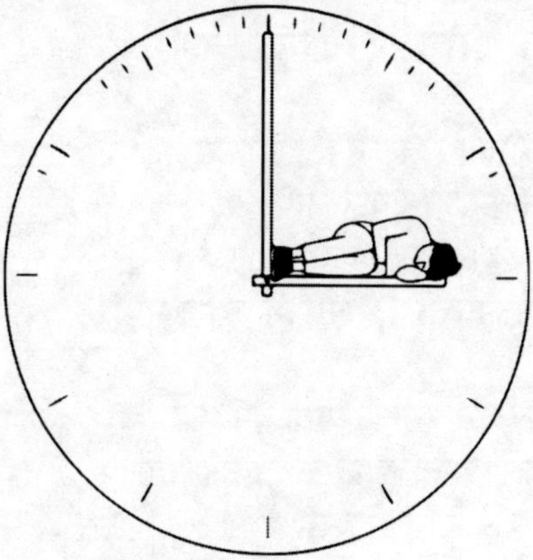

बेतहा ख़ुशी है लोगों के दामन में
पर एक हंसी के लिए वक़्त नहीं।
दिन रात सुलगती दौड़ है इस जहाँ में
पर ज़िन्दगी के लिए वक़्त नहीं।

माँ की ममता का एहसास है
पर माँ को माँ समझने का वक़्त नहीं।
सारे रिश्ते मर चुके हैं
और अब उन्हें दफ़नाने का भी वक़्त नहीं।

कुछ नाम दिल में छिपे बसे हैं
पर उन्हें दो पल इख़्तियार करने का भी वक़्त नहीं।
गैरों की क्या बात करें हम
जब हमें अपनों के लिए ही वक़्त नहीं।

आँखों में नींद का मंज़र सजा है
पर चैन से सोने का भी वक़्त नहीं।
दिल में ग़म का सितम भरा है
पर फुर्सत में रोने का भी वक़्त नहीं।

अपने कर्मपथ में लीन हैं इस कदर
कि थकने का भी वक़्त नहीं।
दूसरों के एहसास की क्या बात करें
जब अपने सपनों के लिए ही वक़्त नहीं।

समय शैल कर रहा है यादों को
लेकिन उन्हें याद करने का वक़्त नहीं।
यहाँ पल-पल लोग मर रहे हैं
और जीने का किसी को वक़्त नहीं।

हाल-चाल पूछते रहा करो हमसे

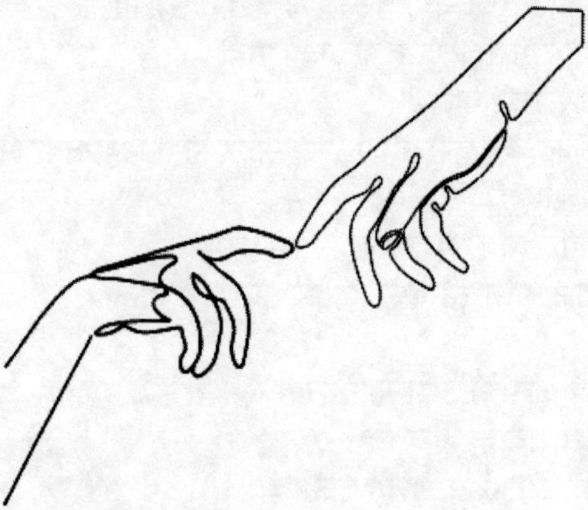

हाल-चाल पूछते रहा करो हमसे
न जाने कौन सी बात हमारी आख़िरी हो जाए!
इख़्तियार में मिला करो कभी-कभार हमसे
न जाने कौन सी मुलाक़ात हमारी आख़िरी हो जाए!
ये ज़िंदगी उत्थान-पतन का खेल है—
खिलाड़ी जिसका सबसे श्रेष्ठ ये मनुष्य है।
कुछ सांस बक्श दिया करो इंसानियत के नाते हमारे नाम।
न जाने कौन सी सांस हमारी आख़िरी हो जाए।
हाल-चाल पूछते रहा करो हमसे
न जाने कौन सी बात हमारी आख़िरी हो जाए!

फिर कहोगे कि मैं शान्त हो गया हूँ
बोल नहीं सकता, इसलिए स्थिर हो गया हूँ
पर ध्यान से देखना, अपनी मन की आँखों से हमें
ध्यान से देखना—

मैं जीवित रहूँगा—मैं आज भी हूँ और मैं कल भी
रहूंगा
आपके सामने नहीं परन्तु यहीं कहीं रहूंगा
शायद सपनों के महलों में ही सही
साकार स्वरूप में
हर जगह-हर क़दम पर—मैं आज जहाँ नहीं वहाँ कल
ज़रूर रहूंगा
बस हाल-चाल पूछते रहा करो हमसे
न जाने कौन सी बात हमारी आख़िरी हो जाए!

यूँ न कहना ये असत्य बात है
जब मैं सब के बीच नहीं
इन फ़िज़ाओं में, इन हवाओं में
कहीं पर भी मेरा राज नहीं
पर मत कहना कि मैं मर गया हूँ
महसूस करना अपने नज़दीक़ हमें
अपनी दुआओं में पनाह दे देना हमें
न जाने कौन सी पनाह हमारी आख़िरी हो जाए
हाल-चाल पूछते रहा करो हमसे
न जाने कौन सी बात हमारी आख़िरी हो जाए!

न जाने कब मेरी ज़िंदगी को मेरी मौत आ जाए।

मैं मोम का पत्थर हूं

इस जालसाज़ दुनिया ने
मेरे दिल को पत्थर बना दिया,
जो बन जाता है पत्थर मोम का
जब किसी ने भी तेरा नाम लिया।

बातें बीते कल की
दिल को आज भी बांधे रखती हैं।
उस कल को फिर से जीने की
आग दिल में आज भी सुलगती है।
यादों में भीगे दिल को अपनी
तेरी तपस में मैं रखता हूं।
दिल की दास्तान का सफर भी कुछ ऐसा कि
घमों की धूप में खुद को जला देता हूं।

उस मोम से बने मेरे दिल को,
मैं मोम का एक दरिया समझता हूं।
जो तेरे एहसास की एक आहट पर,
भंवर में मैं जम जाता हूं।
जहां तेरे हर दस्तक से मेरी लहरे कौंध जाती है,
शायद इसी डर से मैं साहिल पर कम जाया करता हूं।

मैं मोम का पत्थर हूं....
तेरे एक ज़िक्र पर हर बार पिघल जाता हूं।

दिल की बात

बातें ढेर सारी हैं जो दिल में छुपाए रखता हूं,
कहना बहुत कुछ है पर न जाने क्यूँ कहने से डरता हूं ।
किससे कहूं और क्या कहूं नहीं समझ पाता हूं,
इसीलिए दिल की बातों को दिल में ही रखता हूं।
हालातों और जज़्बातों को समझने वाला हमसफर
मिलेगा या नहीं ?
इसी असमंजस में अपने कलम को अपना दोस्त
बनाए रखता हूं।
मैं हर रोज़ कुछ लिखता हूँ, और फिर उसे मिटा देता
हूँ....
दिल की बातों को दिल में ही रखता हूं।

कोरे कागज़ के पन्नों को देख कर मुस्कुरा देता हूं।
कभी क्रोध में उन्हीं पन्नो को फाड़ दिया करता हूं,

कभी लिखते-लिखते अपने आंसुओं से उन्हें भिगा देता हूं।
दिल की हर बात को उनके सौगात रखता हूं।
दोस्ती, मोहब्बत और रोज़मर्रा की दास्तान लिखता हूं।
शब्दों को धागों में पिरोकर अपनी पोशाक बुनता हूं।
मैं हर रोज़ कुछ लिखता हूँ, और फिर उसे मिटा देता हूँ....
दिल की बातों को दिल में ही रखता हूं।

बहुत कुछ कहने का दिल करता है,
पर किसी को कुछ नहीं कहता हूं।
कोई दिल से खेले, या दिल तोड़ दे,
कोई उम्मीद से ज़्यादा कर गुज़रे, या बेपनाह मोहब्बत दे।
मौसम चाहे रंजिश, खुशी, दर्द या सुकूं दे मुझे
हर एहसास को अपने हद में मैं रखता हूं।
मैं हर रोज़ कुछ लिखता हूँ, और फिर उसे मिटा देता हूँ....
दिल की बातों को दिल में ही रखता हूं।

बचपन का दोस्त

तुम और हम,
साथ-साथ कितना कुछ बाँटा है हमने!
स्कूल में साथ बैठने से लेकर, गली क्रिकेट खेलते हुए
कितनी बारिशें देखी हैं साथ हमने।
कभी बरसती बूंदों से खुद को बचाया है,
तो कभी चुपके से भीगे भी हैं।
एक दूसरों को खत लिखने से लेकर
साथ-साथ घंटो तक खेलने तक, क्या कुछ साथ नहीं
किया है हमनें।
कोई आंख उठा कर देखता हम में से किसी को
तो दूसरा डट कर साथ खड़ा रहता था।
तुम्हारे टिफिन की पाव भाजी और मेरे टिफिन का
पिज़्ज़ा,
न जाने कितनी बार एक दूसरे से बांटा है हमनें।
तुम और हम सुनते थे एक दूसरे के दिल की हर बात
को;
जब भी हम उदास होते या होता कोई खुशी का
आलम।
आंखों से पढ़ते थे हाल एक दूसरे का,
दोस्त से ज़्यादा भाई कहे जाते थे हम दोनों।

तुम मेरी ज़िंदगी का वो अंश हो,
जिससे मेरे बचपन की यादें जुड़ी हुई हैं।
मेरे ज़हन में हर पाल शामिल हो तुम,
फ़र्क़ इतना है की अब रहते नहीं हो साथ।
आज भी वही बारिश है
और तुम्हारी यादों में
मेरे चेहरे पर मुस्कराहट है!

यादें

वक्त बदल जाता है,
हालात बदल जाते हैं।
इंसान बदल जाता है,
जज़्बात बदल जाते हैं।
नहीं बदलती तो वो बस यादें हैं।

यही दस्तूर है जीवन का...
लोग आते है और आकर चले जाते हैं।
ज़िंदगी की मजबूरियों में हमें अपने हाल पे छोड़ चले जाते हैं।
अंत में खुद का साथ खुद को ही देना होता है
नहीं साथ छोड़ता अगर कोई तो वो बस यादें हैं।

गुज़रे ये दिन न कभी लौट कर आएंगे!
गुज़रे ये पल ना कभी वापस आएंगे!
न तुम साथ दोगे हमारा और ना हम साथ देंगे तुम्हारा
आंखें नम ज़रूर होंगी जब किसी की याद आयेगी

पर आंसुओं में छिप कर बहेंगी अगर तो वो बस यादें हैं।

सबक सिखाती है ज़िंदगी: न दिल में रखना नफ़रत कोई
नादान है सभी यहां पर और सब में है कोई कमी।
अच्छाइयों को याद रख कर जीना सीखो, तो यादें भी होंगी हसीं।
चाहे वो किसी की मुस्कुराहट हो या खुशी के दो पल,
लौट आएंगी अगर तो वो बस यादें हैं।

माँ

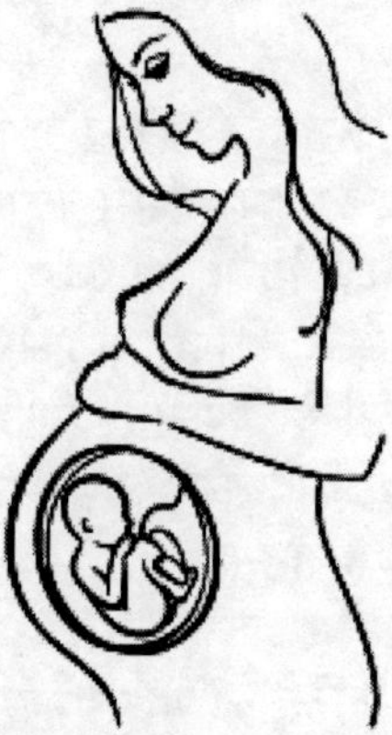

ये उम्र बढ़ने की जगह घट जाती तो क्या बात थी,
ज़िंदगी माँ के गोद में कट जाती तो क्या बात थी!

जब छोटा सा था मैं, मुझे होश नहीं था कोई
ना समझता था मैं, मेरा दोष नहीं था कोई।
माँ के पैरों में जो जन्नत रब ने है समाई,
बात तो कुछ थी ही जो उसने माँ जैसी हस्ती बनाई।

सोचता हूँ की अगर मेरी माँ नहीं होती तो ज़िंदगी मेरी
कितनी वीरान होती!
भूख से जब मैं था रोता, चीखता और चिल्लाता
क्या गले लगाकर मुझे शान्त करता अगर वो कोई
और होता?
जब बीमार होता था मैं, सारी रात थी वो जागती!
मुझे कष्ट में देखकर वो स्वयं अपने कष्टों को भूल
जाती।

मुझे दुखी देखकर खुद दुखी हो जाती, मेरी खुशियों को देखकर मानो दुनिया जीत जाती।
मुझे खुश रखने के लिए वो कुछ भी कर गुज़रती।

माँ, मैं तुम्हे चाहे जितना भी प्यार दूँ, जितनी भी खुशियाँ दूँ, वो सब तुम्हारे सामने कम है।
तुमने मुझे जो जीवन दिया, जो प्यार दिया, जो कुछ भी सहा, उसके सामने मेरी हर कुर्बानी कम है।
ज़िंदगी में मैंने कितनी ही गलतियाँ की है,
तुझे भुलाकर माँ मैंने कितनी ही शरारतें की हैं ।
कभी लड़ता, कभी झगड़ता,
तो कभी चूँटी काट कर भाग जाता!
आज समझा कि मैं कितना गलत काम था करता।
ए माँ तुझे कैसे बताऊँ मुझे तुझपर कितना नाज़ है!
ए माँ तुझे कैसे बताऊँ मुझे तुझसे कितना प्यार है!
माँ, ये तेरा ही तो एहसान है,
जो आज मेरी जान में जान है।
मेरी ज़िंदगी को तुमने सौंप दी अपनी ये उम्र,
तुझे लग जाए मेरी उम्र यही अब मेरा अरमान है।
जो तू नहीं तो ये ज़िंदगी सुनसान हो जाएगी,
भीड़ में खो जाऊँगा मैं, और फिर तेरी याद सताएगी।
खुशियों में साथ देने वाले मुझे बहुत मिल जायेंगे,
पर तू बता माँ क्या कभी भी वो तेरी जगह ले पायेंगे?
कहत कबीरः सुख में सब साथी, दुःख में न कोई!
अब तू ही बता माँ, ऐसी ममता हम कहाँ से ला पायेंगे?

तू क्षमामयी, तू दयामयी,
तू दुःखहरनी, तू पालन करनी,
तू प्राणदाता, तू ज्ञानदाता,

तू जननी माँ तू मेरी जीवन संचालिनी
मेरे जीवन की प्रेरणा—माँ, तू ही मेरी रक्षागार है,
ए माँ, मुझे तुझपर नाज़ है—
शब्दों में कैसे बयां करु मेरे दिल में तेरे लिए जो प्यार
है।

माँ तुम सदा खुश रहो,
भगवान से मेरी यही प्रार्थना है।
तेरे हर कष्ट मुझे मिल जाए और तुम हमेशा ठीक रहो
यही मेरी आरज़ू है।
लहरें सागर में सिमट जाती हैं,
धड़कने दिल से जुदा हो सकती है
रूह तक जिस्म को छोड़ सकती है,
परन्तु मेरी हसरत से मेरी माँ कभी जुदा नहीं हो
सकती।

नानी

गालों की रानी—मेरी चब्बी-चब्बी नानी,
सुनाओ न मुझे एक अच्छी कहानी!
जहां बातें हो ढेर सारी,
रंजिशे कुछ और कुछ चुटकुले प्यारे-प्यारे।
जहां नदियां बहती प्रेम की हैं,
और आपस में किसी के कोई बैर नहीं।
बादलों की कश्ती में हो हम सवार,
और इतराती लहरें लेकर आये सिर्फ प्यार।
जहां सपने हमारे अनगिनत हो,
और जगाने वाला कोई नहीं।
जो दिल में आये हम वो करें ,
बिन सोचे कि क्या हैं गलत और क्या सही।
मैं गोद में रहूं आपके ,
और भूल जाऊ दुनियां के सारे ग़म।
न तोहमत सोहबत रखूं दिल में, न रखूं आपस मैं कोई भी शर्म।

उमड़ उठे मेरी माँ का बचपन मेरी इस मौज में,
बना रहूं मैं आपका लाडला लड्डू गोपाल आपके हृदय फ़ौज में।
खुशियां आती रहें इसी तरह हमारे इस जीवन में,
बहती रहे ये प्रेम मरुधारा मेरे मंगल-कानन में।
सिर पर हमेशा आपका हाथ रहे ,
और आपके साथ हमेशा हम सब का साथ रहे।
गालों की रानी—मेरी चब्बी-चब्बी नानी,
सुनाओ न मुझे... एक ऐसी कहानी।

आसमान

है दिवाकर हृदय पर देदीप्यमान
हैं सितारे जिसपर शोभायमान
है सारी सृष्टी जिससे चलायमान
उस आसमान का क्या मान और क्या अपमान?

तू पूरी आंखों में समाता ही नहीं है
तू पूरे सागर में भी अमाता नहीं है
नापेगा कौन और कैसे तुझको
तू खुद ही बता दे, हमें तो समझ में आता ही नहीं है।

कभी सूरज, कभी बादल हैं तेरे पसरने में
प्रतिबिम्बित बनता नहीं तेरा कुछ भी संवरने में
तुझे खोजने में तो दृष्टी ही खो जाती है
थकती है सबकी आँखें तुझे निहारने में।

भावनाओं के बादल को उमड़ने मत देना
यूँ काले मेघ को बरसने मत देना
तेरे दामन में घटा के दामिनियां भी हैं
युधिष्ठिर सी एक बूँद भी टपकने मत देना।

खुद के दृश्यों में उलझी है ये दुनिया सारी,
होश आयेगा तो ताकेगी आसमान में कभी।
पुष्प भी हैं, शूल भी हैं देने के लिए,
पर फैंक सकता नहीं आसमान पर कोई।

तेरे उठने से सबकी छत उठ जाएगी,
बस विनती है इतनी तू आसमान ही रह।
तेरे झुकने से ज़मी दब जाएगी,
बस विनती है इतनी इतना झुक कर ना चल।

तू सूर्य ह्रदय प्रकाश बन जल!
तू दहाड़ न भी तो सिंघ की शान से चल!
तू आसमान है, किसी की राह न तक।
साँसों पर भी है तेरे प्रेम का हक।

तू आसमान है, आसमान ही रह।
तू असमान है तो असमान ही रह!

मैंने रिश्तों को बदलते हुए देखा है

ज़रा-ज़रा सी बात पर अपनों को बिछड़ते देखा है।
एक गुरूर के आगे कई अरमानों को टूटते हुए देखा है।
किसी की बात को झुठलाती पथराईं आँखों को देखा है।
एक औलाद को अपने बाप से दूर जाते हुए देखा है।
मैंने रिश्तों को बदलते हुए देखा है।

ग़लतफहमियों से घरों को जलते हुए देखा है।
दूर खड़े होकर तमाशा देखने वालों को देखा है।
प्यार भरे रिश्तों में नफ़रत को बसते देखा है।
जायदाद के नाम पर भाई को भाई से लड़ते देखा है।

मैंने रिश्तों को बदलते हुए देखा है।

मोहब्बत करने वालो को अजनबी बनते हुए देखा है।
अपने कुल से अलग होते हुए बच्चों को देखा है।
रगों में दौड़ने वाली खून से आँगन सजते देखा है।
दुनिया बनानेवालो को अपना घर उजाड़ते हुए देखा है।
मैंने रिश्तों को बदलते हुए देखा है।

छोटा हूँ ये सुनकर दूरियों को मिटाने का मौका खोते देखा है।
एकांत में कई साँसों को दम तोड़ते हुए देखा है।
बहुतों को अकेले में रोते हुए भी देखा है।
आबादियों में अपनों को खोते हुए देखा है।
हाँ—मैंने रिश्तों को बदलते हुए देखा है।

अब में सब डाल दो

मुकम्मल करना है तुझे,
अपने दिल के कुछ अंशिक अरमानो को।
हासिल करना है तुझे,
खुद से किये कुछ अधूरे वादों को।
ये समय तेरा लौट कर आएगा नहीं!
जो है अभी कल होगा या नहीं!
इसीलिए तू मेरे यार,
अब में सब डाल दो।

हीरा बनकर जगमगाना है तो,
तुझे शोलों से खुद को नहलाना होगा।
सोना बनकर खुद चमकना है तो,

तुझे अँगारों में तैरना भी आना होगा।
ये ज़मीन कभी तेरी होगी ही नहीं,
अगर तू फलक को चूमेगा नहीं!
इसीलिए तू मेरे यार,
अब में सब डाल दो।

आयेशा तेरी, जूनूनीयत तेरा,
तुझको अपनी मंज़िल तक ले जाएगी।
हौसला तेरा, काबिलियत तेरी,
तुझसे तेरी ज़िन्दगी संवारेगी।
आसानी से तू अगर पायेगा सब कुछ,
तो मज़ा तुझे फिर ना आएगा कभी।
ये जहाँ तेरा मुतासीर हो,
तो तू भी ये चिल्लाएगा...

अब में सब डाल दो।

प्रताप

रीढ़ वक्र हो तो बस सूर्य पे,
अश्क़ प्रकट न हो तेरे दर्द में,
तेरा नाम ही प्रताप है—
तू वीर सिंह प्रताप है।

मस्तिष्क रहे तेरा सर्वश्रेष्ठ,
तेरे मार्ग पर केवल सफलताएँ हों,
तेरा मान ही तेरा प्रताप है—
तू वीर सिंह प्रताप है।

रक्त-स्वेद मिल जाने दे,
हर हार को जीत में बदल जाने दे,
तेरे नाम में अद्‌भुत शक्ति है—
तू वीर सिंह प्रताप है।

तेरे हृदय में कई बाघों की निष्ठता समाई है,
झकझोर उसे जिसे इस शान्ति ने सुलाया है!
तू बल और शक्ति का प्रतिबिम्ब है—
तू वीर सिंह प्रताप है।

तू कमला पति—प्रताप है।
तू जनक आरुष, ईशा, प्रतीक—प्रताप है।
तेरा नाम एक सम्मान है—
अपने वंशज का अभिमान है।
तेरा नाम वीर प्रताप है—
तू वीर सिंह प्रताप है।

मैं संगीत हूँ

कोई ज़िंदगी में आये अपना गीत लेकर,
तो उस गीत का मैं प्रीत हूँ।
जो शब्द बने उस जीवन गीत का,
तो उन शब्दों का मैं संगीत हूँ।

लबों पर सजकर दिल का हाल बन जाता हूँ।
ज़हन में किसी के ख़याल बनकर उतर जाता हूँ।
स्वर, ध्वनि, ताल ,राग रूपी हृदय भाव प्रकट कर
लेता हूँ।
जात, धर्म—हूँ सबसे परे; जो चाहे बस उसका हो लेता
हूँ।
मैं संगीत हूँ—बस बहता रहता हूँ।

समृद्धिशाली वीणा वादिनी वर दे जिसे,
उन्हीं का बस हो लेता हूँ।
थोड़ी जगह बेशक़ सबके दिल में होगी मेरी,
पर सम्पूर्ण रूप से कहाँ किसी को समझ में आता हूँ।
मैं संगीत हूँ—बस बहता रहता हूँ।

काव्य सृजन हूँ मैं।
हृदय गुंजन हूँ मैं।
दृढ़निश्चयता और तपस्याओं का एक अद्‌भुत मिश्रण
हूँ मैं।
सुर, ताल, लय और भावनाओं का मंथन हूँ मैं।

कभी किसी की खुशियों का अज़ान हुआ,
कभी किसी के गम का पैगाम बना।
दुःख भरी यादों को आंसुओ में बदल सकता हूँ,
खुशी के पल याद दिलाकर किसी की मुस्कुराहट भी
बन जाता हूँ।
मैं संगीत हूँ—बस बहता रहता हूँ।

न किसी के चाहने से रुका हूँ कभी;
और न किसी के चाहने से बदल सकता हूँ!
किसी के दिल की आवाज़ हूँ,
और जो चाहे उसके दिल में रह लेता हूँ।
मैं संगीत हूँ—बस बहता रहता हूँ।

धीरे-धीरे

धीरे-धीरे तेरे जाने का दर्द कम हुआ।
न तेरे आने की खुशी हुई और न तेरे जाने का गम
हुआ।
जब पूछेंगें किस्सा लोग हमसे हमारी दोस्ती का,
मैं कह दूंगा एक फसाना था जो अब ख़त्म हुआ।

कल तेरे साथ बिताया एक हसीन लम्हा था।
मुक़द्दर ज़िंदगी में तेरा होना एक तमन्ना थी।
और आज जब आँखें नींद से उबरी है, तो रहम करता
हूँ अपनी दोस्ती, यारी पर!
मंज़िल तो तेरी थी, पर क्या खुदा भी तेरा अपना था?

आँखें नम है,पर अब दिल में गम नहीं।
हाथों में कम्पन है,पर अब धड़कनों पर बोझ नहीं।
जब पूछेंगे किस्सा लोग हमसे हमारी दोस्ती का,
मैं कह दूंगा एक फ़साना था जो अब ख़त्म हुआ।

एक छोटी सी मुलाक़ात

दिल में शायद भावनाओं का सैलाब उठ रहा है,
पर कहने को कुछ भी नहीं है जो कह सकें आपसे।
कहना बहुत कुछ है इस दिल के दरमियान,
पर वो अल्फ़ाज़ नहीं जो गुफ़्तगू कर सके आपसे।
फिर भी वक़्त आपका ऊपर वाले से मांग रहा हूँ मैं,
रुख़सत-ए-पल कबूल कर लो,
बस एक बार और ही सही, एक छोटी सी मुलाक़ात कर
लो।

ना आप कहो कुछ मुझसे और ना मैं हालातों का
विश्लेषण करूं,
ना हम नज़र हटाए एक दूसरे से, बस देखते रहे एक
दूसरे को अपने रूबरू।
राज़ सारे अपने दिल का बयां करूँ अपनी आखों से,
आप सवाल करो अपनी मुस्कुराहट से और मैं जवाब
दूँ अपने आंसुओं से।

इसी पल को हक़ीक़त बनाने की मेरी ये दुआ कबूल कर लो,
बस एक बार और ही सही, एक छोटी सी मुलाक़ात कर लो।

यूँ तो ज़िन्दगी किसी की भी मोहताज नहीं,
आना जाना एक दस्तूर है और वक़्त कभी भी किसी के लिए रुकता नहीं।
सिखा देती है दुनिया जीना बिन किसी के, पर दिल में उसकी जगह कोई भी ले सकता नहीं।
माना रिश्ते ढेर सारे हैं, पर रिश्तों में आखिर हर कोई अपना भी तो नहीं,
आपको दिल से चाहा था और अब भी चाहता हूँ,
इसीलिए गुज़ारिश करता हूँ की मुराद-ए-दिल कबूल कर लो
बस एक बार और ही सही, एक छोटी सी मुलाक़ात कर लो।

शायद फिर आप समझ पाओगे की कितनी मोहब्बत मैं आपसे करता हूँ,
आपके लिए अपने दिल में कितनी शिद्दत मैं रखता हूँ।
ज़िन्दगी नहीं रहेगी वही आपके बिन और मिलना आखिर हम सबको वहीं है...
यूं अलविदा मत कहो ... मुझसे मिलने की मेरी इल्तिज़ा कबूल कर लो,
बस एक बार और ही सही, एक छोटी सी मुलाक़ात कर लो।

ईशा

सूरत की सिटी लाइट्स में वो रहती है,
नाम उसका ईशा है और वो मेरे दिल की रानी है।

आंखों में उसकी एक अजब सी आतिशबाज़ी है,
झाँकू उनमें तो कुदरत झलकती है।
सूझ-बूझ में वो मुझसे आगे है,
वो थम जाती है जब सारी दुनिया भागे है।
महफ़ूज़ रहती है मेरे हर मक़ाम में,
मसरूफ़ रहती है सुबह की अज़ान में।

गरबे का शौक़ है उसे,
और खाना तीखा पसंद वो करती है।
दिल में उसके ख्वाईशों का सागर है,
पर न जाने किस बात से वो डरती है।

मेरी कहानियों को बड़े इत्मीनान से सुना करती है,
हर शब्द पर वो भी शायद पलके बिछकर ख्वाब बुना
करती है।
उसे खुश रखने के लिए अचरज-ए-मन्सूबा बहुत
करता हूँ,
ज़िद करती है वो उन्हे जानने की,
बच्चों जैसी वो इतराती है।
उसे रास्तों की परवाह कहाँ,
वो खुद को लहर मानती है।
सूरत की सिटी लाइट्स में वो रहती है,
नाम उसका है ईशा और वो मेरे दिल की रानी है।
मेरे तबस्सुम का बड़ा ख्याल वो रखती है,
चेहरे पर अगर कोई मुखौटा हो तो उसे बहुत जल्द वो
जान जाती है।
मैं ना सुनूँ तो गुस्से में आ जाती है,
मैं सुनूँ तो मन ही मन वो मुस्कुराती है।
मैं चुप रहूँ तो मुझे सहलाती है,
मैं उदास रहूँ तो मुझे वो मानती है।
मेरी नकामियों पर अपना हक़ वो जताती है!
मैं परेशान ना करूँ तो खुद परेशान हो जाती है!
इतनी तिलसमानी होकर भी वो मुझे बेहद चाहती है!
सूरत की सिटी लाइट्स में वो रहती है,
नाम उसका ईशा है और वो मेरे दिल की रानी है।

तंग उसे मैं भी बहुत करता हूँ,
पर हर पल उसे खोने से डरता हूँ!
आदत फीके की है पर उसके लिए खाना तीखा पसंद है
उसकी इसी सादगी में मेरी आज़ादी बंद है!
मैं शब्द रखता हूँ, वो जज़्बात भरती है,

मेरे कोरे कागज़ पर वो किसी कविता की तरह उतरती है।
पर पूरे कविता में भी वो कहाँ खरी उतरती है,
रोज़-रोज़ भला जन्नत से ऐसी परी कहाँ उतरती है।
मैं उम्मीद ना छोड़ दूँ इसलिए मेरा हाथ वो थामती है,
मुझसे ज़्यादा मेरे सपने को हकीकत मानती है।
उसे रास्तों की परवाह नहीं,
वो खुद को लहर मानती है।
सूरत की सिटी लाइट्स में वो रहती है,
नाम उसका ईशा है और वो मेरे दिल की रानी है।

मैं मिलूंगा

तुम्हारी कलम की स्याही
में मैं मिलूंगा
मिलूंगा उस नवांकुरित दूब में
जो मलय की आहट पर
आह्लादित हो जाती है।

मैं ज़रुर मिलूंगा
हमारे घर के कोने की दराज में
जहां तुम्हारे हाथ
निश्चित रूप में
धूल को हटाने पहुंच जाएंगे।

मैं मिल जाऊंगा
अपने लिखी किसी कविता में
जिसमे तुम्हे ज़िंदा रखने की
मैंने बेबाक कोशिश की थी।

या मुझसे जुड़े किसी गाने में
या मेरे लिखे किसी गीत में,
जो छिपकर सबसे

तुम्हारे ज़ेहन में यूं गुनगुनाएगी
हर उस शब्द में
हर एहसास में
हर पल बस
मैं मिलूंगा।

परेशान न होना तुम कभी,
अगर नज़र न आऊं मैं कभी।
मैं मिलूंगा तुम्हे वहीं
एहसास होगा जहां तुम्हे मेरा।

चाहे वो मेरे चादर की गर्माहट हो
या मेरे गिटार की आवाज़।
मेरे लिखे पन्नों पर से मेरा एहसास
या किसी यंत्र में कैद मेरी आवाज़।

और ढूंढना मुझे
मेरी मां के अलमारी में
रखे उनके हर एक दुपट्टे में
जिसपर इत्मीनान से सिर रख कर मैं
अपने दिल की हर बात उनसे कहता था।

फिर भी मन न माने तो
ढूंढ लेना मुझे,
आ जाऊंगा अपने द्वार पर
अपने इष्ट देव की स्तुति
की धूप के साथ।

मेरी किताबों के हर शब्द में मैं जीवित हूं।
मेरे लिखे हर गीत में मैं जीवित हूं।
और सब कुछ जाने देना...
और कहीं भी मुझे मत ढूंढना,

इन सब के बावजूद
फिर भी मेरी याद आए
तो आरुष के चेहरे को देख लेना
उसके हर मुस्कान में
उसके हर अंदाज़ में
तुमको हर पल
मैं मिलूंगा।

राधा

राधा ने कब चाहा
रुक्मणी हो जाना।
उन्हें तो केवल,
राधा बने रहना है।
कृष्ण में पूर्ण
खुद में आधा होना है।

सागर की लहरों से
उन्हें कोई मतलब नहीं।
कृष्ण अगर साहिल हो
तो उन्हें धारा होना है।
कृष्ण में पूर्ण
खुद में आधा होना है।

पहचान उनकी उनका प्रेम है,
बिन प्रेम उनका खुद का कोई अस्तित्व नहीं।
प्रेम से प्रारम्भ,
कृष्ण में मग्न रहना है।
कृष्ण में पूर्ण
खुद में आधा होना है।

कृष्ण दुनिया,
कृष्ण संसार!
कृष्ण बिना भी जो,
कृष्ण में हो समाई।

उन्हें तो केवल,
ऐसा इरादा होना है।
कृष्ण में पूर्ण
खुद में आधा होना है।

राधा ने कब चाहा
रुक्मणी हो जाना।
उन्हें तो केवल,
राधा बने रहना है।

कृष्ण

एक काठ का तुकड़ा लेकर तुम
जो ह्रदय से गाओ गीत
वो माया की तुम अद्भुत स्वर
सुनाओ मेरे देव!
जब से तुमसे नयन मैंने जोड़ लिए,
सब धर्मों से रिश्ते मैंने जोड़ लिए!
तेरे मिलन को व्याकुल कब से मेरे प्राण,
सुना दो वो मुरली गान,
मेरे कान्हा, मेरे कृष्ण, मेरे गोपाल,
सुना दो वो मुरली गान।

जीवन में मेरे एक सपना था,
सागर से भी गहरा हो प्यार।
मेरी प्रीत से निरमोही मेरे देव,
अलाप लो वो अद्भुत राग।
कुल की मर्यादा ले कर आया हूँ मैं!
तेरे दर के आगे हाथ फैलाया हूँ मैं!
मेरा हाथ पकड़ ग़म दूर तू कर,
सुना दो वो मुरली गान,
मेरे कान्हा, मेरे कृष्ण, मेरे गोपाल,
सुना दो वो मुरली गान।

एक सिक्के के दो पहलू

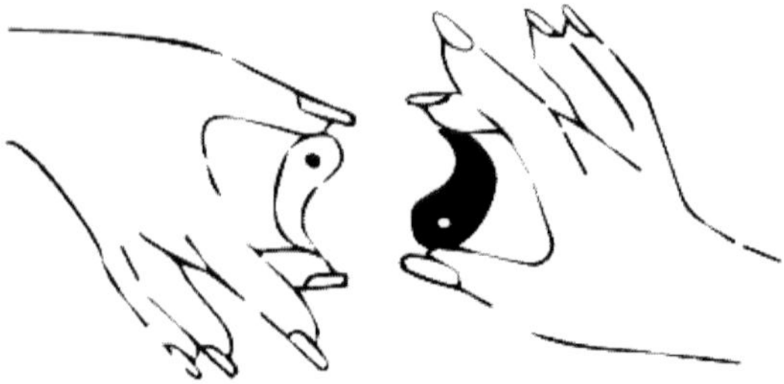

मैं पुरुष—तुम स्त्री: एक सिक्के के दो पहलू हैं हम।
दुनिया हमारी देखो कितनी अलग है!
हमें है मोहब्बत एक दूसरे से पर उस मोहब्बत में देखो
कितना फर्क है।
तुम शोर में पली बड़ी एक भरे पूरे परिवार की गुड़िया
रानी,
मैं खामोशी में पला बड़ा माँ-बाप का एक लौता लाड़ला
राजकुमार।
तुमने भाई-बहन की चहल पहल के बीच में अपना
बचपन बिताया,
और मैंने हमेशा कागज़ कलम को अपने दिल का हाल
सुनाया।
तुम लुक्का-छुप्पी, पकड़म-पकड़ाई और इन जैसे
खेलों में मग्न रही,
और मैं संगीत, चल चित्र, किस्से- कहानियों में
विलीन रहा।
पर रास्ते जब हमारे मिले, तो जैसे दो दुनिया मिल
गई हो!

तुम्हे मेरी खामोशी मिली और मुझे तुम्हारी चहक का सहरा मिल गया।
हाथों में हाथ एक दूसरे के पूरक बने हम।
मैं पुरुष—तुम स्त्री: एक सिक्के के दो पहलू हैं हम।

वैवाहिक जीवन हम दोनों के लिए एक नई शुरुआत थी।
तुम शोर से बाहर आकर एक खामोशी को अपना रही थी,
मैं अपने खामोशी को तोड़ कर तुम्हारे शोर में अपनी जगह बना रहा था।
आसां ये सफर हम दोनों के लिए नहीं था:
तुम्हारे लिए एक जीवन को छोड़कर एक नया आशियाना बनाना कठिन था,
मुझे अपने एकांत जीवन को छोड़ हमारे आशियाने को सजाना एक चुनौती थी।
हर दुःख और हर सुख के हम-तुम साथी बने,
गृहस्थ जीवन का प्रारम्भ कर एक सिक्के के दो पहलू बने।

अंधेरी इस जीवन में आरुष खुशियों का उजाला लेकर आया,
कुछ रिश्ते मुझे ऐसे भी मिले जिनका आभास मुझे पहली बार हुआ।
तुम्हारे आने से एक अर्धांगिनी के साथ मुझे एक भाई, बहन और एक सच्चे दोस्त का भी प्यार मिला,

और जीवन के इन नये रांगो से हमने अपना संसार सजाया।
हमदर्द एक दूसरे के कुछ इस कदर बने हम,
मैं पुरुष—तुम स्त्री: एक सिक्के के दो पहलू बने हम।

तो अंतर क्या है अपनी मोहब्बत में तुम बोलो?
जो मुझे तुमसे और तुम्हे मुझसे अलग करती है!
शायद यही की तुम्हारे जीवन में मेरे उस खामोशी के लिए वो जगह नहीं जिसका सुरूर कभी मेरी नसों में पनपता था!
तुम "हमारे" साथ में सबका साथ ढूंढ लेती रही,
और मैं तुम्हारे बिना एक नए शहर में आया अजनबी बन जाता हूँ।
वो हर पल जब तुम दूर रही,
अपने खोये खामोशी को और नज़दीकी से मैंने जाना है।
और इन्ही खामोशियों में टूटकर मैंने तुम्हें और भी ज़्यादा चाहा है।
अब इस बढ़ती चाहत को भी क्या नाम दें हम,
मैं पुरुष—तुम स्त्री: एक सिक्के के दो पहलू हैं हम।

तुम्हे पाकर खोना

खुदा जाने महोब्बत का क्या है दस्तूर
हमको मिली है तेरी चाहत का कसूर
छाया मुझपे जैसे तेरा सुरूर
हमको किया है तेरी आदत ने मजबूर
अब रातों को यूँ सोना,
मेरे बस में नहीं।
तेरे बिन यूँ जीना,
मेरे बस में नहीं।
तुम्हे पाकर खोना,
अब बस में नहीं।
ज़ख्मों को पिरोना,
अब बस में नहीं।
अब दर्द तेरा, मेरी ज़िंदगी
मेरी हर खुशी हुई अब तेरी।

जाने अब वो कैसी होगी।

दीवाना वो करती होगी,
अब भी जब वो हँसती होगी।
मुझको तो बर्बाद किया है,
खुद भी शायद रोती होगी।
उसके हर किस्से में मेरी
भी शायद एक हस्ती होगी।
अरसा बीता बिन देखे,
जाने अब वो कैसे होगी!

दुल्हन बनके मेरे दिल में,
सोचो वो कैसी लगती होगी।
जिन हाथों को मैंने चूमा था,
उनको अब तक देखती होगी।
उसके हाथों की रेखा में,

मेरी भी एक रेखा होगी।
मुझको तो बर्बाद किया है,
खुद भी शायद रोती होगी।
लम्हों की इन बारिश में वो,
छुप-छुप कर अब रोती होगी।
अरसा बीता बिन देखे,
जाने अब वो कैसी होगी?

अपने अधिकार मैं छोड़ता गया।

दरिया हूँ मैं,
अपनी तदबीर बनाता गया।
जीवन ने जो अंकुश लगाए तो उनपे
अपने अधिकार मैं छोड़ता गया।

पहाड़ों की गोद से निकल कर,
दर बदर सफर तय करता रहा!
अनजान लोगों का साथ पाकर
अनजान राहों में मिलकर
सबकी तृष्णा कुछ पिरोता गया।
बूँद-बूँद खुद से जुदा होकर,
अपने अधिकार मैं छोड़ता गया।

पुकार थी सागर की,
तो जाना ज़रूरी था।
अपने उद्गम को
और अपने अस्तित्व को
एक पुनर्जन्म समझकर भूलता रहा।
बूँद से नदी और नदी से सागर तक
अपने अधिकार मैं छोड़ता गया।

प्रारम्भ से हर मर्तबा
निरंतर इस दुनिया ने
मिट्टी में मिलकर बस गिरते देखा!
बेपरवाह हर उस नज़र से मैं
आगे हर क्षण बढ़ता रहा।
बेबाक़ उस सागर की ओर
अपने अधिकार मैं छोड़ता गया।

जिस रंग में दुनिया रंगती गई
उस रंग का मैं बनता गया।
जिस दिशा में मेरी राह बनी,
उस दिशा को तृप्त करता गया।
परिस्थितियाँ अनेक इस जीवन में
और उनमे हर एक को स्वीकार कर
अपने अधिकार मैं छोड़ता गया।

मैं ब्रह्मपुत्र, मैं नर्मदा
कहीं गंगा, कहीं अलख़नंदा।
कहीं विशाल, कहीं भूमिगत,
पहचान एक परन्तु रूप अनगिनत।
कभी मद्धम, कभी तेज़,

अनावृष्ट और सैलाब के बीच कहीं
अपने अधिकार मैं छोड़ता गया।

और अंत में जब हुआ मिलन
दिल में उठे हर भाव को मैं भूल गया।
हर अश्रु, हर दर्द को
जिसे अपने हृदय में बसाया था
उसे सागर की गहराइयों मैं बहता गया।
त्याग दरिया अपने प्रीत का सागर को
अपने अधिकार मैं छोड़ता गया।

दूर जाके

दूर जाके भी हम, दूर जा ना सकेंगे!
कितना रोयेंगे ये बता ना सेकेंगे।
गम इसका नहीं की तुम ना मिलोगी,
पर दर्द इसका होगा की तुम्हे भुला ना सकेंगे।

कभी ऐसा लगता है मुझको,
कागज़ की है दुनिया सारी।
सागर में पानी की जगह,
मानो बहती हो स्याई।
हर जगह ये कह दूँ, तेरा नाम मैं लिख दूँ,
और कह दूँ, की मुझे तुमसे प्यार है।

मानों सारे शबनम फूलों के,
तुमसे मिलने हो आए।

और सारे रंग इन कलियों के, तुमसे खिलकर हो छाये।
हर जगह पे रंगदूँ, तेरा रूप में रच दूँ
और कह दूँ, की मुझे तुमसे प्यार है।

दूर जाके भी हम, दूर जा ना सकेंगे!
कितना रोयेंगे ये बता ना सेकेंगे।
गम इसका नहीं की तुम ना मिलोगी,
पर दर्द इसका होगा की तुम्हे भुला ना सकेंगे।

अपना बचपन मैं तुझमें ढूंढता हूँ।

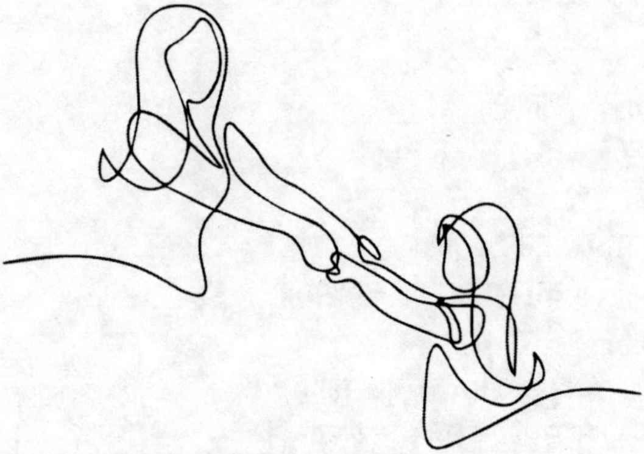

तू ख्वाब है या कोई हक़ीक़त,
या हो मेरे दिल का जहाँ।
मेरे दिल की तू इबादत,
या हो मेरे दिल का जहाँ।
आहों में अपनी रख कर तुझे,
अपना बचपन मैं तुझमें ढूढता हूँ।

टूटा हुआ एक ख्वाब है तू,
या हो मेरे दिल की आरज़ू।
मेरे रगों का खून है तू,
या मेरे दिल की धड़कने!
तेरी चाहत से पूछता हूँ मैं,
तेरी आदत को ढूंढता।

तेरी बातों से दिन ये ढलते हैं,
तेरी आँखों में डूबता।
आहों में अपनी रख कर तुझे,
अपना बचपन मैं तुझमें ढूढता हूँ।

खामोशियाँ मुझे अब डंसती हैं,
क्यूं न मुझे तू मिलती है?
मदहोश हूँ मैं तेरी खुशबू से,
गुलफ़िशा तेरे रूबरु।
सुन लो बारिश की बूंदे कहती हैं,
मेरे नस-नस में तू बसी।
तेरे ख्वाइशों से दिन गुज़रते हैं,
रातों में सपने बस तेरे देखता हूँ।
आहों में अपनी रख कर तुझे,
अपना बचपन मैं तुझमें ढूढता हूँ।

तू ख्वाब है या कोई हक़ीक़त,
या हो मेरे दिल का जहाँ ।
मेरे दिल की तू इबादत,
या हो मेरे दिल का जहाँ।
आहों में अपनी रख कर तुझे,
अपना बचपन मैं तुझमें ढूढता हूँ।

अगरबत्ती हूं मैं।

लम्हा-लम्हा मैं जलता रहा
ख़ुशबू बनकर फिज़ाओं में उड़ता रहा।
सुकून और शांति की तलाश में
ज़र्रा-ज़र्रा खुदको राख में बदलता रहा।
पल वो दूर नहीं
जब राख का ढेर कहेंगे लोग मुझे।
पर जब तक रहेगी आग मुझमें
जलता रहूंगा, ख़ुशबू बनता रहूंगा,
अगरबत्ती हूं मैं।

कभी प्रार्थना में,
कभी याद में।
हर्ष उल्लास का प्रतीक कभी
कहीं फरियाद में।
हर पल में मैं जलता रहा,
एक एहसास में खुदको बदलता रहा।
मोहब्बत, वैभव, दुःख, ख़ुशी
अपने समीप सबको रख
बेइंतेहा धुआँ बन उड़ता रहा।
और जब तक रहेगी आग मुझमें
जलता रहूंगा, ख़ुशबू बनता रहूंगा,
अगरबत्ती हूं मैं।